AF246084

EDGAR QUINET

Sa Vie et ses Principes

PAR

HENRI DELAPORTE

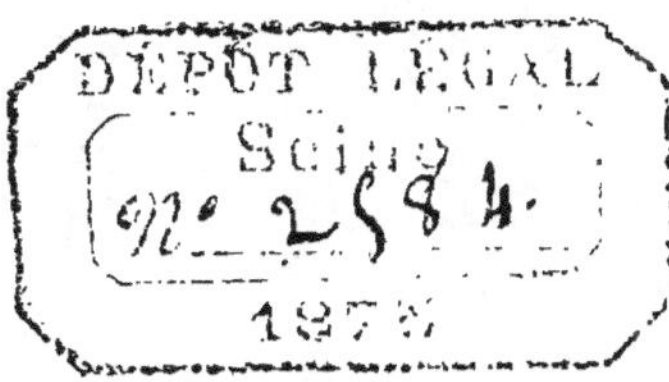

Prix 5 c., franco 10 c.

PARIS

LIBRAIRIE UNIVERSELLE DE GODET JEUNE

PLACE DES VICTOIRES, 9

Et chez les principaux Libraires

1875

EDGAR QUINET

SA VIE ET SES PRINCIPES

EDGAR QUINET

Samedi matin, 27 mars, s'éteignait l'un des plus ardents défenseurs de la démocratie française. Nous consacrons les lignes suivantes à retracer la vie de cet homme dont la parole ardente et colorée a longtemps, du haut de la chaire qu'il occupait au Collége de France, fait tressaillir l'âme de la jeunesse française qui venait s'abreuver d'idées généreuses à son enseignement démocratique.

M. Edgar Quinet est né à Bourg (Ain), le 17 février 1803, d'un père catholique et d'une mère calviniste et originaire d'Allemagne. Son père était commissaire des guerres sous la République et sous l'Empire. Il fit ses premières études au Collége de Charolles, puis il fut envoyé au Lycée de Lyon, où il eut pour disciple Jules Janin, également décédé.

Au sortir des bancs de l'école, E. Quinet publia un opuscule, les *Tablettes du Juif Errant*, dans lequel se manifestait déjà la pensée qui forma plus tard le poëme d'*Ahasvérus*. A la suite d'un séjour qu'il fit à Heidelberg pour étudier la langue, la littérature et la philosophie allemandes, il traduisit les *Idées de Herder sur l'humanité*, ou la *Philosophie de l'Histoire*.

« On peut dire, — dit un historien, — que l'empreinte du génie littéraire de la race allemande est marqué dans l'œuvre de M. Quinet d'une façon ineffaçable. Sa façon d'interpréter les symboles religieux, les faits historiques, la compréhension de l'homme et de la nature, tout, jusqu'à la mélancolie de sa pensée, aux voiles d'une forme un peu vaporeuse dans sa poésie et dans sa grandeur, rappelle la manière des penseurs allemands du dernier siècle. »

Ce n'est pas que M. Quinet ait eu en grande estime la race allemande ; car, dès 1842, il a fait connaître à la France les ruses de la politique germanique. Que n'a-t-on écouté ses révélations ?

De retour d'un voyage en Morée qu'il avait fait en qualité de membre de la commission scientifique envoyée dans ce pays en 1828, M. Quinet fit paraître son ouvrage : *De la Grèce moderne et de ses rapports avec l'antiquité*, et travailla à la *Revue des Deux-Mondes*, qui publia de lui successivement : *De l'avenir des Religions; De la Révolution et de la philosophie; Rapport sur les épopées françaises du xiie siècle; De l'époque des Bohêmes; Du génie des traditions épiques de l'Allemagne et du Nord; Le Pont d'Arcole; De l'Allemagne et de la révolution de l'art en Allemagne;* enfin le poëme *Ahasvérus*, œuvre profonde qui est, dit l'auteur, l'histoire du monde, de Dieu dans le monde, et enfin du doute dans le monde. Ce livre reçut, à Rome, les honneurs de l'index.

En 1839, il fut nommé professeur de littérature étrangère à la Faculté des Lettres de Lyon. Il obtint en 1842, au Collége de France, la chaire nouvellement créée, de langues et littérature de l'Europe méridionale; il s'en fit une tribune pour propager ses idées de rénovation politique et sociale, et pour lancer ses ardentes critiques contre les jésuites. De là plusieurs ouvrages empreints de l'esprit du temps : *Le Génie des Religions; Les Jésuites*, en collaboration avec Michelet; *De la Renaissance dans l'Europe méridionale; De la Liberté des discussions en matière religieuse; Réponse à quelques observations de Mgr l'ar-*

chevêque de Paris ; L'Ultramontanisme ou la Société moderne et l'Eglise moderne ; L'Inquisition et les sociétés secrètes en Espagne.

Les jésuites, effrayés du succès retentissant qu'obtenaient les écrits et les leçons du célèbre professeur, firent tant que, en 1846, le gouvernement retira la parole à Quinet. La jeunesse des écoles et les journaux protestèrent ; mais les collègues de M. Quinet approuvèrent ce décret ; la gloire de l'éloquent professeur éclipsait leur mince réputation.

M. Quinet consacra ses loisirs forcés à visiter l'Espagne, et, à son retour, il publia une partie de ses anciens cours sous ce titre : *Mes vacances en Espagne* et *Le Christianisme et la Révolution française*. N'ayant plus de tribune, l'ancien professeur s'était réfugié dans la presse et combattait avec ardeur la réaction politique et religieuse.

L'éminent professeur fut noblement vengé de sa disgrâce par le collége électoral de Bourg, son pays natal, qui l'envoya à la Chambre des députés, en 1851, M. Quinet eût une part active à l'agitation réformiste et à la Révolution de 1848. Nommé colonel de la 11e légion de la garde nationale de Paris, puis envoyé à l'Assemblée Constituante et à la Législative ; il siégea constamment à l'extrême gauche et prit constamment en main la défense des droits du peuple. C'est surtout à la Législative que se manifesta son énergie à combattre les menées de la réaction et les projets de l'Elysée. Il publia encore plusieurs ouvrages remarquables : *les Révolutions d'Italie*, de *l'Enseignement du peuple*, *l'Etat de siége*, etc. La *Révision*, lancée en juillet 1851, fut tirée à cinq édition en quelques jours.

Expulsé de France par l'homme de Sedan, le 9 janvier 1859, Quinet vécut tantôt à Bruxelles, tantôt en Suisse ou en Allemagne, « charmant par les travaux de la pensée les amertumes de l'exil. » il fit paraître divers ouvrages qui resteront éternellement acquis à la postérité ; tels sont : *les Esclaves, Fondation de la République des Provinces-Unies*, etc., où sa plume est constamment demeurée au service de la démocratie.

Lorsqu'arriva le désastre de Sedan, M. Quinet, qui était alors à Genève, adressa aux Allemands un appel à la fraternité des peuples ; mais, comme celui de Victor Hugo, cet appel passa alors presque inaperçu.

Edgar Quinet n'est revenu, lui aussi, en France, que quand il l'a pu faire sans mentir à sa conscience et à son serment.

Rentré à Paris, il publia, dans le *Siècle*, des

articles très-remarquables sur la politique implacable de la Prusse, et, pendant tout le siége, il ne cessa de pousser le gouvernement à des actes militaires de vigueur. Aux élections de 1871, il fut nommé représentant du département de la Seine par 199,472 voix, le cinquième sur quarante-trois. Il se prononça énergiquement pour la guerre à outrance, lui qui a toujours rêvé la paix et l'union entre les peuples.

Il a constamment voté avec la gauche radicale et inspiré du respect à tous ses ennemis.

Un décret du 18 novembre 1870 l'avait rétabli dans son titre et ses fonctions de professeur de langues et de littérature de l'Europe méridionale au collége de France.

Entré dans l'arène politique en 1841, M. Edgard Quinet fut estimé de tous, même de ses adversaires.

Il est une des lumières les plus vives de notre siècle, et de plus, il est mort en vaillant défenseur des droits du peuple, n'ayant jamais abanbonné le drapeau de la démocratie.

Grand écrivain, orateur éminent, poète remarquable, politique expert, historien des nationalités, honnête homme avant tout et patriote éprouvé. Voilà Edgard Quinet.

Henri DELAPORTE.

EN VENTE A LA MÊME LIBRAIRIE

EXTRAIT DU CATALOGUE

*Les Ouvrages marqués d'un astérique * sont en réimpression.*

BIBLIOTHÈQUE DÉMOCRATIQUE
Directeur, V. POUPIN

Un volume de 192 pages par mois, 30 c.; franco, 45 c.

1. Napoléon, par Louis Blanc.
2. Les Paysans, par Esquiros
3. Séparation de l'Etat et de l'Eglise, par A.-S. Morin
4. Les Enfants naturels, par E. Acollas
5. La Guerre [Empire], Poupin.
7. Etudes littéraires et philosophiques, par V. Bancel.
8. La République, E. Alaux.
9. La Commune agricole, par E Bonnemère.
10. Jeanne d'Arc, H. Martin.
11. Les Princes d'Orléans, par V. Poupin
12. Les Origines de la Révolution, par Ernest Hamel.
13. Livre des Femmes, Richer.
14. Les Jésuites, par Andreï
15. Les Etats-Unis d'Europe, par Lemonnier.
16. Le 2 décembre, Schœlcher.
17. Le Divorce, M.-L. Gagneur
18. 19. L'Opposition et l'Empire, par Garnier-Pagès
20. Le Mandat impératif, par V. Poupin
21. La fin du Papisme, Cayla
22. Nos Préjugés politiques, par Yves Guyot.
23. Les Sociétés ouvrières, par Nadaud.
24. La Science et la Conscience, par Louis Viardot.
25 26. Les Homélies de Voltaire, par V. Poupin
27. L'Association et le Travail attrayant, par Charles Fourier
28. La Confession, A.-S. Morin.
30. L'Education cléricale, par Charles Sauvestre.
31. La Femme en France au XIXᵉ siècle, E Legouvé.
33 Propriété, Famille et Christianisme, par Schœlcher.
34. L'Instruction gratuite et obligatoire, par J. Simon.
35. France impériale, Sorin
36. Enterrements civils, par V. Poupin.

38. Socialistes et les Droits du Travail, par Godin
42. Mariage des Prêtres, par A.-S. Morin
51. La Politique au Village, par M.-L. Gagneur.
52. Histoire de la Messe, par Cayla.
53. Jules Grévy, étude politique, par Sorin.
60. La Superstition, par A.-S. Morin.
66. La Crémation, V. Poupin.
78. La Politique et la Providence, par A. S. Morin.
79. La Souveraineté et les Droits du Peuple, par Godin.
89. La Commune de Malenpis, par André Léo.
90. Le Droit divin, V. Poupin.
91. Le respect de la loi et du suffrage universel par Salneuve député

Almanach du bon citoyen, par Vᵗ Poupin, 30 c., fᵒ 40 c.

ÉCOLE RÉPUBLICAINE
Par Emile Sauvage.

1 Psychologie de la Commune, 30 c., franco, 35 c.
2 De l'Influence de l'Eglise sur l'Etat, 30 c., fr. 35 c.
3. Du Gouvernement et de la vile Multitude, 40 cent., franco 45 c.
4. De la Liberté de conscience, 40 c., franco 45 c.
5. République ou Monarchie 40 c, franco 45 c.
6. Du Clergé considéré comme société dans l'Etat, 1 fr., franco 1 fr 10.
7. Paroles d'un Républicain, 40 c., franco 45 c
De l'Ordre moral et du Désordre social, en 3 parties.
8. (1ʳᵉ partie) Du Gouvernement de droit et du Gouvernement de fait, 40 c.

9. (2ᵉ partie). **De l'Influence du Catholicisme sur le Gouvernement des Peuples**, 50 c , franco 60 c.

10. **Brumaire et son Siècle**, 60 c , franco 70 c.

11. (Sous presse). **De la République conservatrice.**

12. **De la République.**

13. **De l'Enseignement sous une Démocratie.**

DU MÊME AUTEUR, EN VENTE

Le Clergé et la Démocratie 2 fr., franco 2 fr. 50

INSTRUCTION RÉPUBLICAINE
1ʳᵉ série, 15 c., franco 20 c.

En vente : 1. **L'Intruction républicaine**, par J. Barni.

2. **Les Paysans avant 89**, par Eug. Bonnemère.

3. **La République, c'est l'ordre**, par D. Ordinaire.

4. **La question militaire et la République**, par R. Franc.

7. **Les Paysans après 1789**, par Eug. Bonnemère.

8. **La Liberté organisée**, par Léon Journault.

9. **Les prétendants et la République**, par D. Ordinaire.

10. **La fin des révolutions par la République**, H. Mazé.

11. **Principes et Mœurs de la République**, Jules Barni

12. **Le Suffrage universel**, par E. Millaud.

13. **Le Maître d'école**, par E. Bonnemère.

14. **Le Budget des trois Monarchies et le Budget de la République**, Hubbard.

15-16. **Jacques Bonhomme, Histoire des Paysans**

17. **français**, J.-B. Jouancoux. **Hoche**, par H. Carnot.

18. **Franklin, sa vie et ses œuvres**, par L. François.

19. **La Vérité sur Sedan**, par un officier supérieur.

20. **Ce que coûte un Empire**, par George.

21. **Invasion IV**, par P. Lefranc.

22. **Les Décembriseurs**, par V. Schœlcher.

23. **L'Appel au Peuple**, p. Barni.

24. **L'Empire et la Candidature officielle**, par Gagneur.

25. **Le Bonapartisme et l'Ordre**, par Garnier-Pagès.

26. **Ce qu'on pensait de l'Empire à l'Etranger**, par Esquiros.

27. **Le Gouvernement nécessaire**, par J. Grévy.

Conditions de propagande. — 50 exempl., 5 fr., 50; 150 exemp. 15 f.

2ᵉ série, 5 c., franco 10 c.

1. **Les Napoléon et les Frontières de la France**, par H. Martin. (Exception 10 c., franco 15 c.)

2. **Le Filleul du Pape**, par Joigneaux.

3. **L'Empire et les Municipalités**, par Pierre Lefranc.

4. **Qui a voulu la guerre de 1870 ?** par A. Michel.

5. **Les Finances de l'Empire**, par Guichard.

6. **Ce que serait un nouvel Empire**, par M. Carnot.

7. **La Guerre du Mexique**, par Taxile Delord.

8. **Ce qu'ont fait les Bonapartistes**, par un Alsacien.

9. **Aux Habitants des Campagnes**, par le dʳ Guyot.

10. **Ce qu'il faut entendre par les dix-huit années de prospérité de l'Empire**, par L. Journault.

11. **La Police impériale**, par Eug. Pelletan.

12. **L'Empereur a-t-il été trahi?** par E. Pelletan.

13. **L'Empire et l'Opposition**, par Ad. Michel.

CONDITIONS DE PROPAGANDE : Au-dessus de 100 exemplaires, les brochures sont envoyées franco. Les collections continuent.

ÉTUDES COMMUNALISTES
° (*Par Junior*)
12 Livraisons parues

1. Démocratie — **2.** Nation — **3.** Le Droit des Gens. — **4.** La Guerre — **5.** L'idée — **6.** L'Hérésie — **7.** L'Opinion — **8.** L'Instruction — **9.** La Matière — **10.** Les Mœurs — **11** La Science — **12.** L'École. La livraison 10 c., franco 15 c.

Œuvres de M. Th.-P. Gazeau de Vautibault.

L'Empire et les Paysans, 10 cent , franco 15 c.

Les Complots bonapartistes depuis le 4 septembre 1870, 15 c., franco 20 c. Série 1 à 5, en vente.

M. le comte de Chambord, les Bourbons de la deuxième branche ainée, ses héritiers légitimes, et les princes d'Orléans, 30 c., fr. 40 c.

L'Assemblée nationale de Versailles, son origine, son mandat, ses droits, d'après les documents monarchistes eux-mêmes. 15 c., franco 20 c.

Le Bonapartisme et les Paysans, 1 fr., franco 1 fr. 15.

République et Prospérité, 30 c., franco 35 c.

Les Complots Bonapartistes, 15 c. la série, 20 c. franco.

Les séries 1 à 7 sont en vente. Les complots bonapartistes, 1 vol. brochure, 75 c., f° 1 fr.

En préparation : **Histoire de la famille d'Orléans,** 1 vol. de 600 pages, d'après les ouvrages, mémoires et manuscrits orléanistes et légitimistes.

Lettres aux Alsaciens, par Ch. MISMER. Pamphlets de 16 pages chaque livraison........ » 30 35

1° **Dumasisme et Girardinisme — La Femme Roi.**

2° **Notre ami Witz — Danger de la centralisation française — Les lamentations patriotiques de Hansdanel.**

3° **Vox Clamans in deserto.**

4° **Entretien sur l'Armée.**

5° **L'Anarchie.**

L'Armée des Vosges *Ricciotti Garibaldi et la 4e brigade*, récit de la campagne de 1870-1871, avec documents et cartes, par Edmond Thiébault, ancien officier d'ordonnance de Riccioti Garibaldi ; Combat de Pouilly, Prise du Drapeau du 61° Régiment Poméranien, 1 vol. in-8° (Rare), 1 fr. 50, franco 1 fr. 75.

D' GAILLOT. — **Un petit-fils d'Attila,** invasion de 1870-71 1 vol. in-8°.......... 3 » 3 10

Les Vices à la mode.... 1 vol. in-8°........... 2 » 2 25

Les Plaies sociales, *l'Ignorance* par H. de Castelneau, docteur Lux du *Réveil*, 4 fr., franco 4 fr. 40.

Les Deux Bilans, suivis de **Une Fête non mobile,** étude poétique anti-bonapartiste, avec notes par A. Vignal 1 fr. f° 1,10.

Garibaldi et l'Armée de l'Est. Réponse au rapport de M. Perrot, député à l'Assemblée nationale, par F. AYLIES (Camille,) ex-rédacteur, de la Tribune de Bordeaux. Prix 50 c., franco 55 c.

Du Mandat politique étudié dans ses rapports avec le Mandat civil, par Ed. Desfossés, avocat. Prix : 40 c., franco 50 c.

Les Farfadets politiques, par Hertzleib. 10 c., f° 15 c.

EDGAR QUINET, **sa vie et ses mœurs,** par H. Delaporte, 5 c., franco 10 c.

Assemblée nationale de Versailles. — Dernière liste de MM. les députés classés : 1° Par ordre alphabétique de noms et de départements avec les adresses personnelles ; 2° Selon la couleur ou nuance politique ; 3° Par groupes ou réunions parlementaires.

Ce petit livre (le seul à jour et le seul complet dans son genre), outre son actualité, pourra servir à éclairer l'opinion pour les prochaines élections générales. C'est le *vade mecum* de tout électeur. [Derniers changements officiels.]

Editon augmenté du chiffre de la population et des chefs-lieux des Départements, d'un état récapitulatif et comparatif des divers partis de l'Assemblée, d'une réponse à un curé légitimiste et d'un tableau général de toutes les élections depuis le 8 février 1871, 50 c., franco 60 c.

Almanach du bon Patriote Prix : 50 c., franco 70 c.

Assez d'Empire ! Catéchisme de l'Appel au Peuple, brochure, 15 c., franco 20 c.

Guide de l'Electeur, 10 cent., franco 15 c.

Les Lieux communs, par Yves Guyot, 60 c., franco 65 c.

Tableau mécanique cosmographique, dimension, 39 c. sur 38 c., avec une Notice explicative).

Système nouveau par M. Barrière. La terre, mise en mouvement à l'aide d'un index, indique le changement des saisons et le changement dans la longueur de chaque jour. — Prix : 2 fr. Port en sus.

Biographie de Ledru-Rollin, par un Contemporain, augmentée de son dernier discours, 1 vol. in-32, 25 c., franco 30 c.

Memento de poche. Guide Administratif, judiciaire, Industriel et Commercial, **contient les renseignements utiles à tout le monde,** classés par ordre alphabétique (sans les voies publiques de Paris), 30 c., franco 35 c.

Le même avec les voies publiques 60 c. f° 70 c.

Les Incurables, par Émile Saint-Hilaire, 1 fr., franco 1 fr. 20

Donnez-nous un Roi [épître aux conservateurs], 1 fr. 50, franco 1 fr. 70.

Réorganisation de l'Armée en armée nationale, composée de 4,000,000 d'hommes, par E. Farcy, lieutenant de vaisseau, député de la Seine, 1 fr. 1 fr. 25.

Poisons et contre-poisons, dévoilés par le zouave Jacob. Prix : 60 c , franco 70 c.

Célibat et Mariage des Prêtres, par Aug. BEDK, avocat. Prix : 40 c., franco 50.

Inventions et découvertes diverses et perfectionnements mécaniques, par P. F. Moutardier un vol. in-8°, orné de 32 planches 2 fr., franco 2 fr. 25.

La Comédie française, racontée par un témoin de ses fautes. Avec une préface et un épilogue 1860-1863. Prix : 20 c., franco 25 c.

Garibaldi, par Alexis la Messino, avec un portrait d'après une photographie. 1 fr. 25, franco 1 fr. 50.

Navigation aérienne et voyage en ballon, par Camille Flammarion, astronome, officier d'académie. Prix : 20 c., franco 30 c.

Pourquoi je suis Républicain, p. Bretaudeau. 20 c. f° 25 c.

L'Instruction et la Santé, par le Dr Riant, professeur d'hygiène. Prix : 20 c. f° 20 c.

Les Invalides du travail par Berdalle de Lapommeraye. Prix : 20 c., f° 30 c.

Biographie de M. Berryer, par V. Oven Prix : 20 c., f° 30 c.

Biographie du Dr Pierry, par V. Oven. Prix : 20 c , f° 30.

Nouvelle maladie de la Vigne, par Larsonneau. Prix 1 fr , f° 1 fr. 10 c.

Les Doubles-Croches Malades, par Aléxis Azevedo, Prix 1 f 25 f° 1 fr. 40.

Les Roturières, par Louis Festeau. Prix . 1 fr. 50, f° 1 fr. 65.

Œuvres de M. Huguet de Vars, Docteur-Médecin de la Faculté de Paris. Exposé de médecine, homœodinamique basée sur la loi de similitude, fonctionnelle et appliquée au traitement des affections aiguës et chroniques. Prix : 2 fr. f° 2 f. 20.

La Méthode curative dans les maladies graves et les cas désespérés. Prix : 50 c., f° 55 c.

Les aspirations médicamenteuses, méthode pratique de traitement dans les altérations du sang. Prix : 25 c. f° 30 c.

ŒUVRES DE M. A. S. MORIN

L'Esprit de l'Église, A. S. Morin, un vol., 2 fr., f° 2 fr. 20.

Le Prêtre et le Sorcier. Prix : 2 fr., f° 2 fr. 30.

Les Fantaisies théologiques Prix : 5 fr , f° 5 fr. 50.

De la séparation du spirituel et du temporel. Prix : 3 fr. 50 franco 3 fr. 85.

Les Hébertistes modernes. Prix : 60 c., f° 70.

BIBLIOTHÈQUE NATIONALE. — 194 v. sont en vente à 25 c. f° 40 c.

Musée national. Collection des portraits des personnages les plus célèbres, accompagnés de leurs biographies. 20 liv. de chacune 4 port. La livr 20 c , franco 25 c.

Catéchisme national, à l'usage des jeunes Français; 30 cent., franco 40 c.

BIBLIOTHÈQUE OUVRIERE Volumes à 30 c. — Franco, 45 c.

Les Associations et Chambres syndicales ouvrières, par L. Pauliat.

Les Prud'hommes, Code et Manuel, par L. Pauliat.

Les Grèves, la Loi des Coalitions, par J. Barberet.

Le Mouvement ouvrier à Paris de 1870 à 1874, par Barberet. 1er vol.

Almanach ouvrier (1874).

Les Ouvriers au moyen âge, par C. Pelletan.

LA BIBLIOTHÈQUE UTILE, 41 v., de 192 pages, à 60 c., f° 75 c.

LES BONS LIVRES. Sciences, Education, Littérature. 89 vol. sont en vente à 10 cent , franco 15 c.

Manuel homœopathique d'obstétrique, par le Dr C. Croseriol. Prix : 1 fr. 25, f° 1 fr. 40.

Expédition de tous ouvrages français et étrangers de Science, d'Industrie, d'Agriculture, de Commerce. etc. Cartes, Plans Guides, etc , de tous les éditeurs au prix du Catalogue, frais de port en sus Abonnements à tous journaux, et envoi franco de catalogues sur demande affranchie.

Paris. — Imp. PAUL LIBERAL et C°, rue Saint-Joseph, 20.

PARIS. — IMP. LIBÉRAL ET Cᵉ, 20, RUE ST-JOSEPH